Agradeço a Marta Rossetti Batista, que fez um bonito trabalho sobre a vida de Anita Malfatti. E a Bety, sobrinha de Anita, que me contou muitas histórias sobre a artista.

© 2002 do texto por Carla Caruso
© 2002 das ilustrações por Angelo Bonito
Callis Editora Ltda.
Todos os direitos reservados.
2ª edição, 2009

Texto adequado às regras do novo Acordo Ortográfico da Língua Portuguesa

Publicado sob licença de Elizabeth Cecília Malfatti,
herdeira e inventariante do espólio de Anita Malfatti.

Coordenação editorial: Miriam Gabbai
Tradução e adaptação do original: Helena B. Gomes Klimes
Escaneamento e tratamento das imagens: Márcio Uva
Diagramação: Carlos Magno

CIP-BRASIL. CATALOGAÇÃO-NA-FONTE
SINDICATO NACIONAL DOS EDITORES DE LIVROS, RJ

C317a
2.ed.

Caruso, Carla
    Anita Malfatti / Carla Caruso ; ilustrações Angelo Bonito. - 2.ed. - São Paulo : Callis Ed., 2009.
    il. color. - (Crianças famosas)

    ISBN 978-85-7416-446-5

    1. Malfatti, Anita, 1889-1964 - Infância e juventude - Literatura infantojuvenil. 2. Pintoras Brasil - Biografia - Literatura infantojuvenil. I. Bonito, Angelo, 1962-. II. Título. III. Série.

09-5689.   CDD: 927.59981
                                                                          CDU: 929:75.036(81)
03.11.09   09.11.09   016084

ISBN: 978-85-7416-446-5

2020
Callis Editora Ltda.
Rua Oscar Freire, 379, 6º andar • 01426-001 • São Paulo • SP
Tel.: (11) 3068-5600 • Fax: (11) 3088-3133
www.callis.com.br • vendas@callis.com.br

Crianças Famosas

Anita Malfatti

Carla Caruso e Angelo Bonito

callis

Anoitecia, o céu estava todo alaranjado e azul. Anita correu à janela. Com seus olhos bem castanhos e atenta, via os homens que acendiam os lampiões a gás. Gostava da luz que aparecia, bem brilhante e amarela.

— Alexandre, Anita, Guilherme, Georgina, venham jantar — chamava dona Betty, mãe de Anita, com voz suave.

Mais que depressa, Anita e seus irmãos sentavam-se nas cadeiras, em volta da grande mesa. Na cabeceira estava o pai, senhor Samuel Malfatti, que era italiano e veio ao Brasil para trabalhar nas estradas de ferro.

Nessa época, não existiam televisão, telefone e cinema. Os jornais e as revistas eram poucos, e livros para crianças, coisa rara! Então, depois do jantar todos de reuniam na sala. Senhor Samuel e dona Betty só falavam em italiano. Enquanto conversavam, Anita observava o bigode do pai, grande e com curvinha nas pontas.

O senhor Samuel, às vezes, pegava papel, bico de pena e nanquim para desenhar seus projetos de engenharia, e lá ia Anita espiar o pai.

Ela ficava encantada com os traços pretos que o pai fazia. Ele a olhava e sorria dizendo:

— Babynha, não é hora de dormir?

— É sim, amanhã tem aula! — dizia dona Betty que gostava de seus filhos bem-comportados, principalmente as meninas.

Na cama, quando Anita já estava no meio dos lençóis branquinhos e do cobertor xadrez, rezava ouvindo os grilos verdes: — cri, cri, cri, cri, e os guardas-noturnos com seus apitos cor de prata: — piiuuuu...

 Durante o dia, as crianças iam para a escola. Nesse ano de 1896, Anita estava com sete anos e já começava a se alfabetizar. Todos os dias, colocava seu uniforme, meias, sapatos e ia à escola que se chamava Externato São José.

Também fazia aulas particulares com a professora Miss Browne. É que Babynha tinha um problema na mão direita desde que nasceu, não podia nem escrever nem desenhar com ela. Por isso devia aprender a usar sua mão esquerda com a professora.

Nas aulas, Anita gostava de pegar seu caderno de capa bege, escrito "Caligrafia", e ficar escrevendo entre as linhas. Ela ia fazendo cada letra com o lápis: gostava dos desenhos das letras.

A letra "a" parecia uma bolinha com um rabinho, a "o", uma bola de nozinho, a letra "l" era uma linha que subia e depois descia:

— Como é gostoso — dizia Anita.

No meio da tarde Miss Browne falava:

— Vou preparar um lanche. Enquanto isso, vá escrevendo as letras que já estudamos!

Voltando das aulas, de mãos dadas com sua professora, Anita passava pelas ruas de terra bem vermelha. Via os bondes escuros puxados por animais e ouvia pessoas falando línguas diferentes:

— Ora pois, pois — dizia um português de grandes bigodes.

— Ma vá. È vero? — dizia um italiano com voz forte.

— Niño, dónde estás? — uma mulher espanhola de cabelo bem preto chamava o filho.

Anita estava acostumada. Sua família também era assim: o avô era alemão, a avó americana, o pai italiano. É que, nessa época, havia muitos estrangeiros que vinham a São Paulo para trabalhar.

Ainda pelo caminho, Anita ficava distraída olhando as árvores altas, mas quando passava perto do chafariz, tomava cuidado para não esbarrar nas pessoas que iam e vinham com enormes baldes cheios de água. Não existia água encanada e por isso quase todos os dias era preciso ir buscá-la nos chafarizes da cidade. E, de repente, dava aquela água na boca, lá vinha o vendedor de sorvetes bem na direção de Anita:

— Sorvete, Iaiá, é de creme e abacaxi, sinhá.

Na família de Anita, como em muitas famílias brasileiras, as meninas não podiam sair muito, já os meninos tinham mais liberdade.

Um dia, Babynha e Georgina estavam fazendo suas lições de casa, quando seus irmãos, Alexandre e Guilherme, chegaram felizes:

— Pegamos peixes-filhotes no rio Tietê!

As duas irmãs logo correram para ver os peixinhos dourados, ainda vivos, pulando na peneira de pescar. Os meninos adoravam ir ao rio Tietê: enorme e cheio de curvas, parecia até uma grande minhoca. Em volta dele, havia uma várzea com muitos sapos. À noite, era só passar lá perto que se ouvia: — coach, coach, coach...

A vida da família Malfatti era tranquila. Mas um dia, quando Babynha estava com quase 11 anos, aconteceu uma coisa triste: o pai, senhor Samuel, morreu. Babynha sentiu uma escuridão. Dona Betty ficou de luto, vestia-se sempre de preto. Todos sentiram muita falta do pai.

Foi então que se mudaram para a casa dos avós, os Krug. O avô, que era muito alegre e divertido, chamava-se Guilherme e a avó era Catarina. A casa deles ficava no bairro da Barra Funda, lá perto tinha um trem que passava: — piuuuíííííí... Quando se aproximava fazia um barulhão que ia diminuindo aos poucos até desaparecer. Anita ouvia com atenção os novos ruídos da casa de seus avós. Era tudo diferente.

O dia a dia mudou para toda a família. Dona Betty começou a trabalhar como professora de línguas. Ela sabia falar cinco línguas diferentes. Também dava aulas de pintura e desenho. Quando desenhava em casa, Anita ficava bem pertinho olhando.

Dona Betty pegava tinta a óleo e misturava com o óleo de linhaça porque assim a tinta ficava bem molinha, depois começava a pintar. Babynha ia sentindo o cheiro do laranja, do roxo, do azul, que saíam em forma de pastas brilhantes dos tubinhos.

Em alguns fins de semana, a família ia fazer piqueniques. Anita punha seu vestido xadrez verde e vermelho com gola de babado. Antes de sair, ajudava sua mãe a organizar as cestas, as toalhas e os bolos americanos feitos por dona Betty e avó Catarina. Hummm, esses bolos, cheios de melado e frutas secas, eram enrolados em guardanapos bem brancos e bordados. Lá iam todos para as proximidades dos bairros da Cantareira e Jaguaré. Seus irmãos corriam, Anita e Georgina andavam ao lado da mãe, do avô e da avó.

Babynha gostava de ver as árvores com flores cor-de--rosa, amarelas e roxas.

Às vezes, uma surpresa: famílias inteiras de macacos marrons e pretos ficavam nas árvores altas, pendurados pelos rabos, comendo frutinhas e olhando as pessoas.

Pelos olhos dos macacos muitos e muitos piqueniques passaram, nessa pacata cidade de São Paulo. Enquanto isso, Anita foi crescendo. Com 13 anos, começou a estudar no colégio Mackenzie. Vivia fazendo caricaturas dos professores e enquanto rabiscava pensava:

— Será que eu tenho algum talento?

Às vezes, pensava que tinha dom era para poesia, às vezes, para a pintura.

— Vamos, senão a gente perde a entrada do palhaço! — Alexandre e Guilherme chamavam a família para ir ao circo, armado na Praça da República.

Anita e Georgina, de mãos dadas, olhavam os músicos e o vendedor de pastéis na entrada do circo. O cheiro do pastel era bom, o avô fazia o pedido e, todos com pastel na mão, entravam. À noite, na hora da saída, a lona vermelha, branca e azul, iluminada com lampiões, parecia um balão aceso.

Chegavam as férias e todos arrumavam as malas para ir à fazenda do vovô Krug. Pelo longo caminho iam sentindo o cheiro do mato. E quando entravam na casa, o café que estava sendo preparado perfumava toda a sala.

Anita e seus irmãos corriam para arrumar as coisas nos quartos. Depois, Babynha ia para a mesa da sala, que tinha uma grande fruteira de prata com maçãs vermelhas e bananas amarelas, sentava-se na cadeira de estofado verde e passava horas pintando e desenhando.

Entre circos, piqueniques, férias e aulas, Babynha estava agora bem crescida: usava vestidos compridos e arrumava seu cabelo preto e liso prendendo-o todo. Tinha um rosto redondo, uns olhos bem escuros e vivos.

Seu gosto pelas cores aumentava, começava a sentir que sua grande paixão era pintar.

— Ah, Anita, você não pensa em se casar e ter filhos? — dizia uma amiga.

— Que bobagem estudar desenho! — dizia outra.

A maioria das moças desse tempo não pensava em ter uma profissão, elas terminavam a escola e, já noivas, só pensavam em seus enxovais e em seus casamentos.

Mas Anita era diferente, ela queria achar uma profissão de que gostasse muito. Desenhava bastante, mas agora copiava as ilustrações das revistas como exercício. Seus olhos ficavam cada vez mais atentos às linhas que formavam os desenhos.

Eis que um dia, seu irmão, Alexandre, apareceu com uma revista espanhola:

— Quero ver você desenhar a capa desta revista — disse Alexandre, já um moço feito.

A capa era de um burrinho correndo e levantando poeira. Anita desenhou. Dessa vez chamou a atenção da família.

— Acho que ela tem jeito! — disseram todos.

Babynha estava com 19 anos.

A partir daí, as aventuras de Anita com o desenho e a pintura foram muitas. Viajou para estudar em outros países. Desenhava livremente, descobrindo cores novas e maneiras diferentes de pintar. Pintava no meio da chuva, da praia, das flores, na beira do mar, e inventava, inventava e inventava. Até que voltou para o Brasil e trouxe: um homem amarelo, uma mulher de cabelos verdes, uma ventania, um farol e... fez a maior tempestade!

    É que os artistas da época e a maioria das pessoas achavam que pintar era só copiar uma paisagem, uma pessoa ou um pássaro. E fazer as cores iguaizinhas às da natureza. E o que Anita trouxe foi uma pintura diferente, ela não copiava nada, criava, sentia e expressava... Foi um espanto! Mas esta é uma longa história...

Com o passar do tempo, esses quadros de traços fortes, cores vibrantes, refletindo o olhar de Anita, mudaram os caminhos da arte brasileira. E Anita pintou e pintou até ficar bem velhinha.

No final da tarde violeta e de flores amarelas, Anita sentava-se na varanda, na sua chácara em Diadema, e esperava pela noite toda azul e cheia de estrelas. Antes de dormir, olhava para o céu azul-marinho e ouvia os grilos verdes: — cri, cri, cri...

O farol
1915
Óleo sobre tela
46,3 x 61 cm
Coleção Gilberto Chateaubriand – MAM

O burrinho
1909
Óleo sobre tela
19 x 28 cm
Coleção Doris Malfatti

O homem das sete cores
1915 / 16
Carvão e papel sobre papel
62 x 46 cm
Coleção Museu de Arte Brasileira da FAAP

www.ingramcontent.com/pod-product-compliance
Ingram Content Group UK Ltd.
Pitfield, Milton Keynes, MK11 3LW, UK
UKHW060216240426
12048UKWH00030BB/1680